Dr L. CARTON
CORRESPONDANT . DE . L'INSTITVT

LA BEAVTÉ DES RVINES DE CARTHAGE

AVEC . DE . NOMBREVX . HORS-TEXTES . ET
VN . PREAMBVLE . DE . LOVIS . BERTRAND

ÉDITIONS - ROGER - DE - NEREŸS
PARIS - 33 - RVE - DE - LVBECK - XVIe
1923

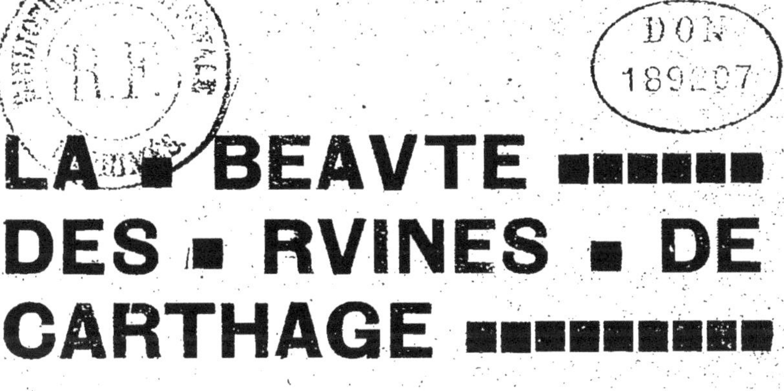

LA BEAVTE DES RVINES DE CARTHAGE

IL A ETE TIRE DE CET OVVRAGE, APRES IMPOSITIONS SPECIALES, CINQ CENTS EXEMPLAIRES IN-OCTAVO CARRE SVR PAPIER VELIN BOVFFANT, TEINTE LAFVMA, DONT DEVX CENTS DESTINES A MONSIEVR LE DOCTEVR CARTON, CENT RESERVES ET DEVX CENTS SEVLEMENT CONSACRES A LA VENTE. CE TIRAGE CONSTITVE PROPREMENT L'EDITION ORIGINALE DE LA BEAVTE DES RVINES DE CARTHAGE.

Dr L. CARTON

Correspondant de l'Institut

Membre non résidant du Comité des Travaux historiques,
Délégué principal du Touring-Club de France

PREAMBULE

Mesdames, Messieurs,

Mon éminent ami, le Dr Carton, me demande de le précéder encore une fois devant vous. C'est un grand honneur pour moi, J'y vois surtout une aimable occasion de redire publiquement, avec quel intérêt et quelle sympathie je m'associe, au moins de cœur, à l'œuvre admirable qu'il poursuit depuis si longtemps et qui mérite la reconnaissance, non seulement des archéologues et des érudits, de tous les amateurs et de tous les admirateurs des antiquités africaines, mais aussi de tous les bons Français.

De cette œuvre, je crois bien avoir dit ailleurs tout ce qu'il m'était possible de dire. Je n'y reviendrai pas. Je me bornerai à attirer votre attention sur le fait monstrueux que voici : la France, en vertu de traités reconnus par tous, se trouve avoir sous sa protection un des lieux les plus riches en souvenirs et — je puis le dire sans forcer les mots — un des lieux sacrés du Monde : Carthage...

Or, jusqu'ici du moins, la France n'a rien fait ou si peu que rien, pour sauver de la profanation ces lieux vénérables et pour mettre en valeur les richesses de toutes sortes qu'ils renferment. Je dis qu'un tel scandale doit cesser. Il ne faut pas qu'une des plus vieilles métropoles de la civilisation occidentale, que la ville de Didon et de Virgile, de Saint-Augustin et de Saint-Louis de France, devienne un dépotoir et un terrain de rapport. Il ne faut pas surtout que les étrangers puissent nous dire : « Si l'Allemagne, si l'Angleterre ou l'Italie étaient les maîtresses, ici, on ne verrait pas cette honte !... » Cette honte, la France ne peut pas la tolérer plus longtemps, sous peine de porter atteinte à son renom de Grande Nation civilisée.

J'ajoute qu'il y a pour nous un intérêt national, ou tout au moins un intérêt politique de premier ordre, à sauver les ruines de Carthage, comme d'ailleurs toutes les ruines antiques de l'Algérie et de la Tunisie. En effet, cette vieille métropole de l'Afrique Occidentale, fondée par des colons orientaux, a été, pendant des siècles, le trait d'union entre l'Orient et l'Occident méditerranéens. Aujourd'hui encore, Carthage, ville à la fois phénicienne, grecque et latine, peut et doit redevenir le trait d'union entre nous et les indigènes de l'Afrique du Nord, en leur remettant sous les yeux les origines communes de nos civilisations. Récemment, Maurice Barrès nous rappelait qu'il suffit de gratter le badigeon de Sainte-Sophie pour retrouver intacte l'œuvre des mosaïstes grecs. De même, dans notre Afrique du Nord, il suffit de gratter le badigeon islamique pour retrouver dessous le vieux fonds de civilisation qui fut commun à tous les peuples de la Méditerranée, — civilisation où sont entrés des éléments égyptiens et phéniciens, mais aussi et surtout des éléments grecs et latins. Je ne vois pas en quoi c'est faire injure aux Africains musulmans que de leur rappeler ces glorieuses origines. En tout cas, s'il est une ville qui symbolise à merveille l'antique union de l'Orient et de l'Occident méditerranéens, la communauté des traditions littéraires, scientifiques ou religieuses qui existent entre nous et les Africains du Nord, — c'est la vieille métropole carthaginoise.

En attendant que les pouvoirs publics veuillent bien s'occuper d'elle M. le Dr Carton va vous redire encore, avec sa haute compétence, ce qu'on peut bien appeler d'un mot trop juste, hélas ! — la désolation de Carthage...

LOUIS BERTRAND.

LA BEAVTE DES RVINES DE CARTHAGE

L'an dernier, à pareille époque, je prenais, à Paris, la parole pour y proclamer la grandeur et l'infortune des ruines de Carthage. Soutenu par la présence de l'éminente protectrice du C. D. A. C., S. A. R. Mme la Duchesse de Vendôme, et par la parole du maître L. Bertrand, à qui leur grande pitié inspira de sublimes accents, je dis ce qu'était la jeune et vaillante Société, son but, ce qu'elle avait déjà fait.

C'est avec satisfaction que, me retournant pour mesurer le chemin parcouru vers le but poursuivi, je constate les importants résultats qui ont été obtenus. Le plus remarquable d'entre eux est peut être celui qu'a produit une énergique et large campagne de presse : la nomination au Ministère de l'Instruction publique, d'une **Commission de Carthage.** Ainsi, la question de **Carthage** a-t-elle, en quelque sorte, une existence officielle et la nécessité de l'examiner ayant été reconnue, peut-on espérer qu'elle va entrer dans une période de réalisation.

Mais les membres de cette Commission, dont **un seul** a visité la grande ruine dans ces trois dernières années, ne connaissent rien de la situation actuelle ; ils n'auront pour les renseigner, officiellement du moins, que ce que leur dira, à ce sujet, un fonctionnaire qui a, en apparence tout au moins, la responsabilité de cette situation. On peut craindre qu'il éprouve quelque peine à renoncer à des errements qu'il a suivis jusqu'ici.

Aussi, pour édifier, non seulement les membres de cette commission, mais encore les Amis de Carthage et tous ceux qui désirent se faire, à son sujet, une opinion solidement étayée, ai-je fait prendre sous ma direction, au printemps dernier, par un photographe réputé de Tunis, M. Deconcloit, une série complète de toutes les vues des ruines de Carthage ; série inédite, par conséquent, et formant une documentation unique.

Pour faire profiter le grand public de ce travail le C. D. A. C. a eu l'heureuse idée de faire agrandir un choix de ces images que le public parisien a pu admirer durant l'exposition si réussie de la rue de la Ville-l'Evêque. Je vais les faire passer sous vos yeux ce soir, en vous indiquant, pour chacune d'elles les raisons qui doivent pousser les Français à respecter ces ruines, à les faire respecter, et à s'en orgueillir.

J'ai cru devoir joindre quelques exemples des conséquences d'actes de vandalisme, qui ont encore, hélas, été tout récemment commis malgré les protestations unanimes et mondiales que de tels faits avaient antérieurement soulevées dans la presse. Ils vous montreront aussi que, dans leurs réclamations, les Amis de Carthage ont été sincères, loyaux, et plutôt même au-dessous de la vérité.

■

■

Pour aborder un site aussi vénérable et aussi célèbre que celui de Carthage avec tous les fruits que peut en porter la visite, il est nécessaire de ne le faire qu'avec une préparation suffisante pour évoquer les grands souvenirs qui s'y rattachent.

Aussi, ceux qui veulent entreprendre le pélerinage d'Art et d'Antiquité de Carthage, doivent-ils puiser l'indispensable initiation auprès des maîtres qui les ont le plus éloquemment célébrés ou qui en ont donné les descriptions les plus complètes : Gustave Flaubert dans « **Salammbô** »; Gaston Boissier dans « **L'Afrique Romaine** »; Audollent dans « **Carthage Romaine**; Louis Bertrand dans les « **Villes d'Or** »; de Gseil, dans « **L'Histoire Ancienne de l'Afrique du Nord** »; enfin, je m'excuse de placer mon nom auprès de ces noms illustres, pour indiquer au lecteur un ouvrage dont je viens de corriger les épreuves, sous ce titre « **Pour visiter les ruines de Carthage** », puisque c'est le seul guide qui permette d'y trouver facilement les vestiges antiques actuellement existants.

C'est donc encore vibrant de l'émotion sacrée causée par la lecture de pages subliems, que nous aborderons la terre où se décida le sort du monde ancien. N'est-ce pas ici que fut consommé l'un des sacrifices les plus sanglants qu'il ait connu, dans ce temple splendide dont le grandiose autel est le plateau de Byrsa, dont le parvis trois fois sacré est formé par les rives que baignent les eaux d'un des plus beaux golfes de l'Univers, ou celles d'un lac qui, les soirs d'été, s'embrasent en une resplendissante apothéose, et dont la vaste enceinte, a pour limites les lignes délicates du promontoire de Mercure (Cap Bon), les festons mauves de la Montagne des Eaux-Chaudes, consacrée à Baal (le Djebel Bou Korneïn), la masse aux reflets métalliques de la Montagne de Plomb (le Djebel Reas), ou la lointaine apparition de la Montagne de Zagouan, l'une des mammelles de Carthage et de Tunis.

Dès que le touriste foule le sol punique, les souvenirs affluent à sa mémoire. Ce rivage n'a-t-il pas vu débarquer tour à tour Didon la Fugitive, les figures guerrières des Amilcar, des Annibal et des Scipion, et plus tard, celle de l'empereur Adrien venu dans l'apparat qui accompagnait les maîtres du monde, pour aller jusque Théveste (Tebessa) inspecter les confins du Sahara ? Et ces rives ne reçurent-elles pas encore, après lui, tant d'illustres voyageurs : les empereurs Septime Sévère et Gordien, nés en Afrique et le général bysantin Bélisaire, venu en vain tenter de restaurer l'empire chancelant. Les échos des collines de Carthage n'ont-ils pas aussi retenti de l'éloquence païenne de l'illustre rhéteur Apulée, et des accents chrétiens et persuasifs d'un Cyprien, véhéments d'un Tertullien, géniaux d'un Augustin ? Et cette terre tragique n'a-t-elle pas, après la mort douloureuse de sa première reine, la légendaire Didon, vu sa dernière souveraine, la courageuse femme du lâche Asdrubal, se précipiter, avec ses enfants, dans les flammes du temple d'Eshmoun, pour échapper à l'implacable ennemi ?

Enfin, ce sol avide de sang ne s'est-il pas abreuvé de celui des martyres Perpétue et Félicité, pour assister encore, plus tard, à l'agonie du roi très chrétien Lousi IX ?

Mais la silhouette de la colline de Byrsa se dresse devant nous nous invitant à la gravir pour embrasser d'un coup d'œil l'ensemble du grand site historique. Des bords de son plateau, nous pouvons préciser les points où se sont passés quelques-uns des évènements dont il fut l'immense témoin. C'est sur la hauteur où nous sommes que Didon édifia l'enceinte derrière laquelle devait croître la colonie fondée par elle. Plus tard, s'éleva ici, au cœur d'une puissante citadelle, le célèbre temple d'Eshmoun, dont Flaubert a si puissamment évoqué la poétique vision...

A nos pieds miroitent les eaux d'un étang sur lequel se penchent deux palmiers solitaires. C'est là que l'on situe généralement les ports de Carthage. Dans l'ilôt circulaire qu'il entoure d'un anneau argenté s'élevait le palais de l'Amirauté punique. Sur le rivage voisin, les Carthaginois pratiquèrent en secret la brèche par laquelle ils sortirent leurs vaisseaux pour la lutte suprême. Vous vous rappelez l'émouvante scène décrite par les historiens : les assiégés, hâves, affamés, construisant leurs navires avec les poutres arrachées aux maisons, les femmes offrant à l'agonie de la patrie expirante leurs chevelures, pour la confection des cordages...

C'est par les ports qu'en l'an 146, Scipion pénétra dans Carthage pour faire camper le soir son armée sur le forum, auprès du temple d'Apollon, d'où il marcha ensuite à l'assaut de Byrsa, les soldats romains avançant par les terrasses des maisons, franchissant les rues étroites à l'aide de poutres, et entassant pêle-mêle, pour niveler le sol, les murs écroulés, les morts et les blessés...

Plus au loin, sur les bords du lac de Tunis, dans l'angle formé par la longue bande de sable, ou tœnia, qui le sépare du golfe, le chef de la flotte romaine, Censorinus, installa ses machines, pratiqua une brèche dans l'enceinte, et pénétra dans la ville, où il aurait été fait prisonnier, si Scipion Emilien n'avait fait garder cette issue.

A l'Ouest, entre le lac et la Marsa, une longue ligne d'eucalyptus qui jalonne le tramway, nous indique approximativement l'endroit où était située la fameuse triple enceinte qui barrait l'isthme et qui, d'après les historiens, renfermait dans son épaisseur des casernes, des écuries pour les chevaux et les éléphants, des magasins, etc... C'est de ce côté que se passèrent plusieurs épisodes du siège de Carthage, dans lesquels Scipion se signala par sa valeur et sa prudence. Dans la même direction, une autre ligne d'eucalyptus, plus rapprochée, permet de situer le cirque romain et l'amphithéâtre, où les Saintes Perpétue et Félicité subirent le martyre. Derrière nous, la chaîne des collines de Carthage s'incurve en hémicycle vers la mer : Nous y trouverons des ruines auxquelles s'attachent d'autres souvenirs.

■

■

Très souvent, il faut le reconnaître, ceux qui mettent le pied sur le sol de Carthage, éprouvent une première impression de surprise, et même de déception, s'ils n'ont pas été avertis par leurs lectures.

En effet, si après les minutes de contemplation admirative imposées par le splendide paysage à ceux qui ont gravi la colline, le spectateur, ayant scruté l'horizon pour y trouver les points historiques que je viens d'indiquer, regarde plus près de lui, il s'étonne de ne distinguer aucun vestige de monuments antiques nettement reconnaissables. Sur la vaste surface où les ruines sont disséminées, l'épaisseur des débris qui les recouvrent est telle, que si mêmes celles qui ont été dégagées, disséminées au fond d'entonnoirs, ne sont, la plupart, pas visibles de loin, les autres gisent, complètement cachées, sous le linceul de sable et de terre qui les recouvre.

En outre, si acharnée a été la rage incroyable qui, depuis des siècles, s'assouvit sur elles, que même celles qui ont le moins souffert, n'offrent pas, comme dans la plupart des grands sites antiques, de vastes constructions érigées, ou le majestueux spectacle de longues colonnades.

Mais, — et c'est précisément ce qui constitue le « **miracle de Carthage** » — malgré cette grande infortune, le sol y livre encore, presque à chaque pas, de précieux vestiges. Outre les milliers d'objets qui ont enrichi les Musées, **on ne compte pas moins de 70 ruines**, plus ou moins vastes et importantes, mais qui, toutes, méritent à des titres divers, d'attirer l'attention. Et c'est le hasard qui les a fait découvrir ! Car il faut l'avouer à notre confusion, la science n'a jamais pratiqué ici de recherches méthodiques, pas plus qu'elle n'a fait un effort sérieux pour conserver et protéger les glorieux vestiges de la capitale de l'Afrique ancienne, la troisième grande ville de l'antiquité. Et si incroyable que cela puisse paraître, **ce sont les bergers** ou les **démolisseurs de ruines** qui guident les archéologues dans leurs recherches. Et ce qui est encore un autre miracle, c'est que, si la vue n'en inspire pas immédiatement une admiration exubérante, elle ne manque pas de provoquer un sentiment d'émotion plus profonde, — et plus durable peutêtre, — que celle de beaucoup de monuments entièrement debout. Je l'ai constaté chez les milliers de personnes qui les ont visitées sous ma conduite et parmi lesquelles il y avait pourtant d'éminents esprits, qui avaient admiré Rome et Athènes. La séduction qu'exercent encore ces infortunés restes, mis à sac et abandonnés à toutes les injures, montre quel serait leur prestige s'ils étaient respectés et mis en valeur, comme le demandent les Amis de Carthage.

Pour vous faire saisir quelles transformations heureuses pourraient amener les travaux relativement peu coûteux, que nous réclamons, je vais m'attacher, au cours de notre promenade, à vous présenter les ruines, non à vrai dire, comme elles sont en réalité, mais comme elles seraient, si on les clôturait, si on les consolidait, et si on les arrangeait avec un peu de sollicitude et de goût. Dans quel triste état d'abandon ne se trouvent-elles pas actuellement !...

Parmi les taches verdoyantes qui entourent les villas disséminées dans la plaine, quelques grands espaces apparaissent, traversés de murs s'entrecoupant, que dominent de grandes voûtes et des groupes de colonnes brisées. Ce sont les parcs ou réserves archéologiques de Carthage, dans lesquels les ruines ont été déblayées et arrangées. Dans l'un d'eux, devant nous, deux fûts érigés, encadrés de palmiers, se reflètent dans les eaux des anciens ports. Descendons vers les quais antiques, récemment restaurés, auxquels sont amarrées quelques barques, et, montant dans l'une d'elles, abordons l'îlot de l'Amirauté. Au pied des trois colonnes, de magnifiques pierres de taille, régulièrement alignées, dessinent le plan du plus ancien monument de Carthage. Il ne peut y avoir de doute à ce sujet, car ces grands blocs lui constituent de véritables titres de noblesse. Des signes singuliers, tracés sur eux à la sanguine, sont les symboles de la grande déesse carthaginienne Tanit, ou des caractères de la langue punique.

C'est donc ici, que, de l'avis des archéologues les plus compétents, s'élevait le palais de l'Amirauté, où le génie de Flaubert évoqua la grande figure d'Amilcar.

Dans un grand espace vide sont rangées des lignes de pyramides de boulets de toutes grosseurs. On les a trouvées, disposées régulièrement par les soldats d'Asdrubal, dans un parc d'artillerie installé là, pour la défense des ports. Il y avait 10.000 de ces projectiles, mêlés à 20.000 balles de fronde. Et si vous avez quelques doutes sur leur origine, si vous êtes tenté de les attribuer, comme on l'a fait parfois, aux soldats de Charles-Quint, approchez-vous, vous pourrez vous-même lire, sur plusieurs d'entre eux, des lettres puniques... Ces curieux projectiles ont été vendus, en masse, au moment de leur découverte. On pouvait alors en acheter une charrette pour 5 francs... Ce sont les Dames Amies de Carthage qui les ont achetés, pour les réunir dans les ruines de l'Amirauté.

Du rivage voisin, où les Carthaginois pratiquèrent la brèche qui permit à leurs vaisseaux de sortir, un regard jeté sur une ligne noire de blocs que les flots couvrent d'écume, nous représente les débris du grand mur qui protégeait la première Carthage contre les incursions par la mer. Une promenade le long de la place nous montrerait les restes imposants du môle qui défendait l'entrée des ports, de bastions, de jetées, nettement reconnaissables...

Aux bords du grand étang allongé qui tout près d'ici, représente, pour certains savants, le port de commerce, s'élève une colline isolée la Koudiat el Hobsia ou colline de Salammbô, bien connue des archéologues. Une large fouille part de la nappe d'eau, éventrant tout le monticule, sur un front d'attaque de 10 mètres de hauteur. La terre y a été taillée en larges gradins, sur lesquels on distingue une foule de pierres sculptées ou couvertes d'écritures, pressées les unes contre les autres. C'est le célèbre sanctuaire de Tanit, où la ferveur des adorateurs a entassé les pierres votives, qui célèbrent sa puissance en ces termes : « **A la maîtresse Tanit, face de Baal parce qu'elle a entendu sa voix.** » Le zèle religieux des Carthaginois fut tel qu'à cinq reprises ils remplirent de leurs ex-votos, l'aire sacrée du temple. Pour créer un nouvel espace sans les enlever, ils durent chaque fois étendre au-dessus d'eux, une couche de terre et de pierres, dans laquelle ils purent planter de nouveau leurs stèles commémoratives. Et c'est ainsi que nous avons devant nous, les véritables archives de la religion punique, et d'un des cultes les plus célèbres de l'Antiquité : celui de la déesse Tanit.

Elles embrassent une période d'au moins sept à huit siècles, qui s'étend depuis l'époque précédant l'arrivée de Didon, — où les habitants de Carthage, des indigènes sans doute, placèrent les autels en forme de dolmens grossiers, formant la couche inférieure, — jusqu'à la destruction de la cité. Ceci nous fournit peut être une précieuse indication, montrant que le culte de Tanit puiserait ses origines dans un culte non oriental, mais africain, très ancien. On distingue nettement, dans la couche située au-dessus, les autels portant une décoration et des symboles égyptiens, érigés en ce point quand les commerçants de Carthage commencèrent à y importer les produits de la civilisation des Pharaons.

La découverte de ce sanctuaire a donné lieu à une émouvante

constatation. Au pied de chacun de ces autels, où on devait s'attendre, comme cela a été rencontré dans les temples puniques de l'intérieur, à trouver enfouis et déposés dans des vases, les ossements d'animaux sacrifiés, il y avait dans une petite amphore, les minuscules squelettes de nouveau-nés, à côté des petits bijoux dont leur mère les avait parés. Et voici donc qu'à notre imagination surgit le rapprochement des holocaustes à Moloch, dont Flaubert nous a donné la terrifiante évocation...

Dans une partie du vaste abri sous lequel s'élèvent les stèles, une salle a été aménagée, des vitrines nous y offrent quelques amphores renfermant encore les ossements dont chacun, à sa place normale, esquisse la forme du petit être immolé...

Le front d'attaque de la fouille, pénètre de plus en plus dans la colline. A certains indices, on peut croire qu'il atteindra bientôt l'édifice qui, suivant la disposition des temples égyptiens, devait se trouver au fond de **l'area** sacrée. Qui sait si la pioche n'y mettra pas au jour les images de la divinité et les objets du culte qui furent enfouis, lors du siège, sous les décombres du monument ? La vue de cet ensemble, déjà d'un si poignant intérêt, justifie pleinement les dépenses à faire pour acheter les terrains nécessaires à la fouille pratiquée dans cette colline, qui paraît être d'un si haut intérêt pour l'exploration de la ville punique. Le service des Antiquités devait acheter tous les terrains qui eussent pu présenter quelque intérêt. Il n'en a malheureusement rien été... A ce propos, je rappelle, une fois pour toutes, qu'aucun des travaux de consolidation et d'arrangements indiqués ici, n'a, en réalité, été exécuté... mais tous peuvent encore l'être vite et à peu de frais...

Sur le versant occidental du monticule, un sondage a révélé l'existence, au voisinage de la gare Salammbô, d'un monument de l'époque punique, avec ses mosaïques, le seuil de sa porte, un autel en stuc, délicatement mouluré, sur lequel ont été retrouvés des brûle-parfums en terre cuite, représentant le buste de prêtresses, tandis que tout autour, d'autres statues dont plusieurs de grandeur naturelle, représentent des prêtres, des prêtresses, et les images de divinités ou d'animaux.

Au même endroit, de récents travaux de dégagement ont mis au jour un curieux coin de cimetière antique. Les tombes, en forme de colonnes couchées sur le sol, de stèles funéraires, d'autels couverts de peintures vives, représentant le défunt, ou des champs de fleurs, ou des divinités infernales, s'y pressent les unes contre les autres. On y a planté quelques fleurs, des arbustes, des cyprès comme il y en avait autrefois, et cette restitution d'un paysage antique rappelle beaucoup, comme le remarquent souvent des visiteurs, la vue de nos cimetières modernes.

■

Sur le flanc de la colline de St-Louis, le parc de Byrsa offre à la vue, de loin, une imposante succession de murs. Une masse de maçonnerie, haute de 8 à 10 mètres, que les Arabes désignent sous le nom de « Ksar », y domine un mammelon considérable, de 30 mètres au moins de diamètre, récemment éventré par les fouilleurs qui y trouvent des blocs énormes de moëllons, des colonnes en marbre, des bassins cimentés. On pense qu'il s'agit d'un des plus importants établissements de bains de la ville romaine... Un peu au-dessus, voici la charmante petite fontaine d'une maison, dont on a, malheureusement, laissé détruire une partie : la fontaine « **Utere Felix** ». C'est un hémicycle orné de fresques, représentant les flots azurés de la mer, dans laquelle des enfants jouent,, s'ébattent, nagent, pêchent, vont en barque. Des oiseaux au plumage de couleurs vives, sont enfermés dans des cadres formés de filets rouges. A l'intérieur, une vasque, soutenue par de petits bustes en marbre offre, en son fond, une mosaïque figurant des poissons nageant, aux écailles chatoyantes. En avant d'elle, une jolie mosaïque porte deux femmes ailées, tenant des couronnes qui renferment le souhait adressé aux buveurs : « **Utere Felix** ». « **Que son usage te soit favorable** ». Les parois de l'hémicycle renferment six niches peintes dans lesquelles on voit l'orifice d'un petit tuyau qui versait l'eau dans la vasque. Le liquide a été rendu à la conduite, et des poissons nagent dans le bassin, donnant ainsi une idée charmante de la manière dont les habitants de Carthage savaient répandre la fraîcheur et la gaieté dans leurs demeures.

Vers l'Est une succession de ruines pittoresques s'étend au pied du plateau de Byrsa, montrant maint détail de tout un quartier de la Carthage romaine : une abside au sol revêtu de mosaïque, auprès de la pierre du seuil de sa porte et de deux colonnes trouvées là par le P. Delattre, une rue dallée, à pente raide, étroite, barrée comme celles des villes arabes, par les angles saillants des maisons et dominée par un pan du mur de défense énorme, élevé, en ce point, par l'empereur Théodose, etc... Tout près de lui, s'ouvrent béantes, les entrées des célèbres tombeaux puniques de Byrsa, remontant au VIIe siècle avant J.-C. Ce sont des cases formées de dalles énormes, au-dessus desquelles deux autres dalles, appuyées l'une sur l'autre, forment un V renversé, qui rappelle la disposition architecturale de la fameuse Porte des Lyons à Mycènes. Les objets du mobilier funéraire qu'ils renfermaient sont exposés au Musée St-Louis, mais un des

Tombeaux puniques.

Façade de la Fontaine aux Mille Amphores.

Le Sanctuaire de Tanit, découvert par M. Icard en août 1922.

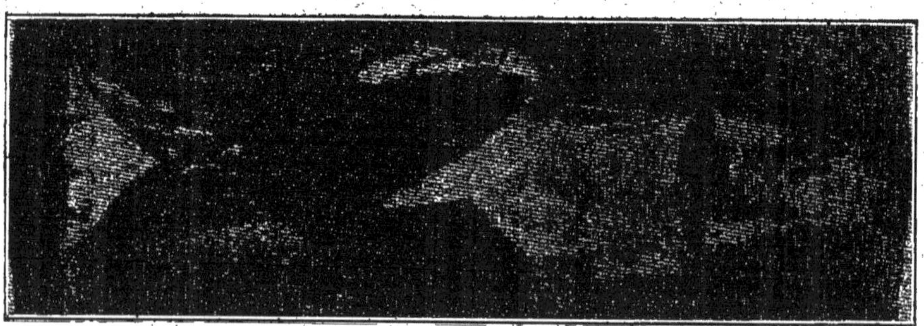

La prêtresse de Tanit, Arisath.

Autel et Urne
du Sanctuaire de Tanit.

L'Urne contient le squelette
d'un sacrifice d'enfant.

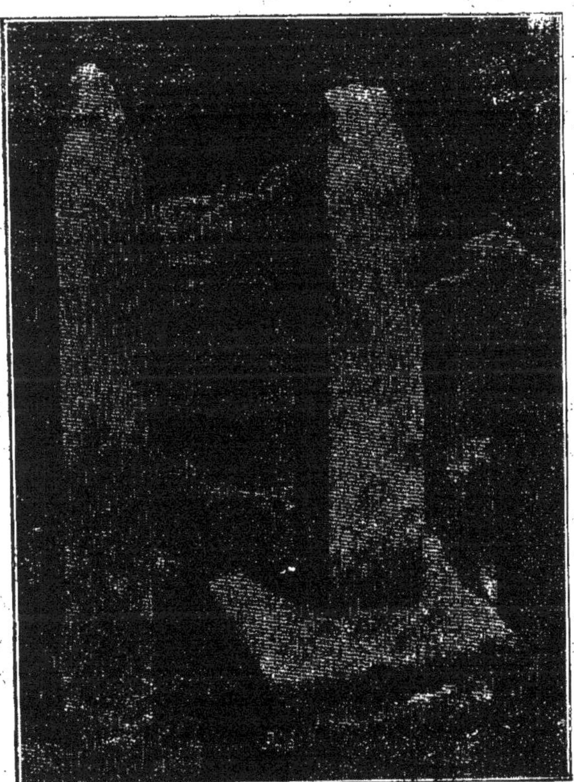

Ex-votos à Tanit,
Face de Baal.

Ce qui reste du Sanctuaire de Tanit.

Les terres se sont éboulées, brisant autels, urnes, stèles.

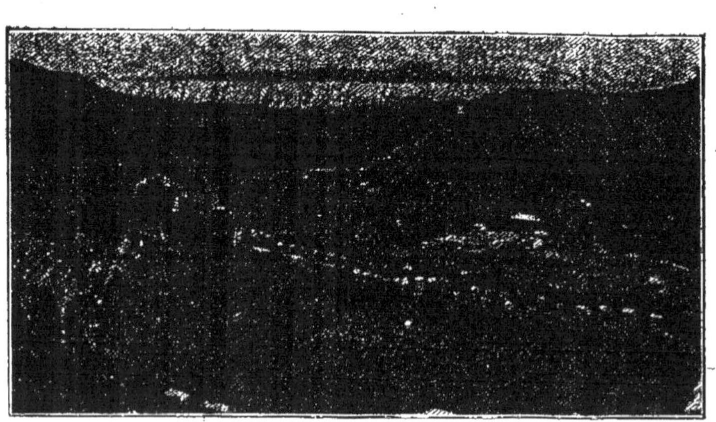

Le Grand Amphithéâtre de Carthage

caveaux a été remis dans son état primitif, et, en passant la tête par son ouverture, dans la salle, basse, étroite, éclairée par la blancheur éclatante du stuc qui en recouvre les parois, on peut voir, creusés dans son sol, deux grands sarcophages renfermants les corps plongés dans un bain de résine. Autour d'eux sont disposés leurs parures, les bijoux d'or et d'ivoire, les vases de cuivre ciselé, les miroirs de bronze argenté, les coupes noires aux anses élégantes. De petites niches creusées dans les murs, renferment les lampes à trois becs rituelles, et, dans les angles de la pièce, se pressent les grandes amphores qui renfermaient l'huile, le vin, les provisions pour l'ultime voyage. Au milieu, un grand brûle-parfum, en terre, contient les cendres de l'encens consumé que la main pieuse des parents alluma quand les cérémonies funéraires accomplies, on plaça devant la porte la grande dalle qui devait la fermer à jamais... A quelque pas d'ici, de hauts piliers s'élèvent auprès de la cathédrale, parmi des eucalyptus. Ils ont appartenu à quelque temple indéterminé.

Au sortir du parc de Byrsa, un mur élevé d'au moins dix mètres, cantonné de piliers, soutient les bords du plateau, formant comme un socle, sur lequel a été construit l'hôtel St-Louis. Dans le jardin qui, aménagé à son pied par la commune de Carthage permet de l'apercevoir de très loin, une voûte située au fond d'une dépression, appartient à une petite chapelle sur les murs de laquelle le P. Delattre a trouvé une remarquable peinture représentant un personnage, le Christ, croit-on ou St-Cyprien, entouré d'anges et d'autres personnages. L'humidité l'avait presque entièrement détruite mais elle a pu être reconstituée très exactement, grâce à la copie qui en avait été prise, des travaux d'isolement entrepris récemment ne faisant plus douter de telles dégradations.

En arrière du grand mur de soutènement s'étend une place couverte de ruines au fond de laquelle s'élèvent sept absides, ornées de revêtements en marbre, en stuc, et de mosaïques, que l'on désigne sous le nom de palais du proconsul. Elles sont dominées par la chapelle de St-Louis, bâtie sur l'emplacement du temple d'Eshmoun. Nous sommes ici dans le jardin du Musée Saint-Louis, fondé par mon vénérable ami, le P. Delattre, qui depuis si longtemps interroge le sol de Carthage.

■

Transportons-nous dans une des régions de Carthage les plus riches en grands monuments, le parc du Théâtre romain. La scène antique est tournée vers un large et pittoresque vallon, à laquelle une municipalité éclairée a voulu conserver ,son caractère, en y interdisant toute construction moderne. Les bords du plateau qui l'entourent, sont agrémentés par la silhouette de plusieurs ruines. Tout en haut de la dépression, se projettent sur le ciel bleu les colonnes accouplées d'une basilique. Plus près du Théâtre on distingue les murs circulaires et concentriques d'un curieux édifice que l'on a pris longtemps pour l'Odéon, et dont la destination demeure encore mystérieuse. Vers le Sud, de puissantes voûtes, avaient été transformées en 1921 en habitation. On vient d'enlever les portes grillagées, les cheminées, les poteaux télégraphiques, qui injuriaient ces restes vénérables où l'on a déblayé de curieuses galeries. Au-dessus d'elles, une maison romaine, découverte par des Américains, et soigneusement arrangée par eux, renferme de remarquables mosaïques. L'une d'elles, dans une vaste salle à manger, offre une série de médaillons dans lesquels sont représentées les victuailles que le maître de céans aimait à offrir à ses invités : volailles, poissons, gibier, etc... A côté, dans une petite abside, de repos, un autre pavement représente une chasse au sanglier.

Les riches habitants de Carthage aimaient à posséder chez eux, en de grands tableaux historiés, les scènes de leurs distractions favorites, de leurs occupations, ou l'image des êtres ou des objets qui leur étaient chers. Ce quartier de l'antique cité offre plusieurs exemples de cette curieuse et instructive illustration de la vie intime des anciens. La plus remarquable se trouve à quelques pas d'ici, dans la maison du « Seigneur Julius ». Le grand panneau colorié de la salle de réception, qui avait été transporté au Musée du Bardo par le Service des Antiquités, vient d'être remis en place dans la vaste pièce au fond de laquelle une fontaine antique restaurée répandait la fraîcheur et le murmure de son eau. On y voit le maître de céans chassant, recevant un de ses locataires qui, un genou en terre, lui présente d'une main un rouleau ou volumen, probablement un contrat, et de l'autre une volaille. Les bâtiments de son habitation de campagne s'élèvent au milieu du tableau. Ailleurs, sa femme, assise dans un fauteuil garni d'étoffe rouge, aidée de ses femmes de chambre, fait sa toilette, ou bien étendue sur un divan, tient à la main un de ces petits éventails en forme de drapeau, semblables à ceux dont on se sert encore de nos jours à Tunis.

On a, dans ces derniers temps, découvert, et aménagé à Carthage, un certain nombre d'habitations antiques, renfermant de ces pavements qui nous initient aux intérieurs des Anciens, et montrent de quel luxe et de quel confortable vers le troisième siècle de notre ère, les habitants de la grande ville entouraient leur existence.

■

Le théâtre de Carthage est un des plus vastes, et peut-être le plus grand de tous ceux de l'ancienne Afrique. S'il a été malheureusement détruit en grande partie, les magnifiques débris qui en ont été retrouvés, montrent qu'il avait été décoré avec un luxe inouï.

Le célèbre auteur des « Villes d'Or », M. Louis Bertrand, en y prenant la parole à l'occasion du centenaire de Flaubert, a, avec beaucoup d'à-propos, rappelé la description qu'en avait donnée, quinze siècles avant lui, son illustre prédécesseur, le rhéteur Apulée, dans la conférence qu'il fit au même endroit, aux applaudissements des spectateurs...

Les belles statues qui ont été retrouvées à l'intérieur des gradins en marbre blanc, à la profondeur de 8 mètres, montrent qu'Apulée n'a rien exagéré. Les innombrables chapiteaux corinthiens finement ciselés, les fûts de colonnes en onyx, en granit, en marbre, en brèche d'Afrique, qui jonchaient le sol de l'orchestre ou recouvraient les gradins, attestent quelle fut la splendeur de tout le monument. Comme le massif en maçonnerie de l'hémicycle qui portait les gradins a été conservé, en certains endroits, sur toute sa hauteur, comme la disposition générale du mur du fond de la scène est parfaitement reconnaissable, rien n'a été plus facile que de reconstituer avec sobriété ces parties, sans commettre de sérieuses erreurs archéologiques.

La restitution de la scène, faite d'après le Théâtre de Dougga, qui a exactement la même disposition, et, à travers les six grandes colonnes de laquelle les spectateurs peuvent apercevoir les eaux du golfe, permet d'y donner de grandes représentations, auxquelles une assistance mondiale vient applaudir les interprètes de nos grandes scènes françaises.

Aux abords du monument, les colonnes en marbre précieux qui n'ont pu trouver place à son intérieur ont été disposées sur une terrasse, en alignements portant des lianes fleuries, à l'ombre desquelles, parmi les statues mutilées, les spectateurs viennent pendant les entr'actes admirer le vaste panorama baigné de lumière.

Au-dessus du Théâtre, l'Odéon détruit par les Vandales n'a pourtant pas complètement disparu. La disposition de la scène, des gradins, et de vastes passages souterrains, peut-être disposés pour accroître la résonnance, y sont bien reconnaissables. Fort heureusement pour nous, les Barbares avaient précipité de belles sculptures et des statues dans des citernes où on les a retrouvées. Elles ont été disposées à côté de beaux tronçons de colonnes en marbre, dans l'édifice dont elles soulignent les grands traits, et celui-ci, malgré son état de destruction, est un des coins les plus artistique de la grande ruine, ce qui prouve le parti qu'un archéologue qui est en même temps un artiste, peut tirer de ces splendides débris. Dans une autre partie du parc du Théâtre, de vastes maisons romaines, assez belles pour qu'on leur donne à la manière italienne le nom de palais, limitent une rue dallée à pente très prononcée, et bordée de colonnes. Les **atriums** dont les colonnes entourent des jardinets plantés de fleurs et d'arbustes, les magnifiques mosaïques, rivales de celles de la villa d'Hadrien, à Tibur, et que protègent des toits invisibles d'en bas, comme à Pompéï, les riches revêtements en marbre des murs, l'admirable vue dont on jouit, des galeries, sur le paysage Carthaginois, leur permettent de rivaliser avec les plus belles demeures de la grande ruine, voisine de Naples.

■

La réserve archéologique des Thermes d'Antonin frappe par l'ensemble des voûtes, des murs, des futs érigés, visibles de loin, qui couvrent les pentes portant l'ancienne batterie de Bordj Djedid, au-dessus de l'immense amas de blocs écroulés qui indique l'emplacement du grand établissement de bains. L'entrée de ce parc dans lequel on a laissé s'établir quelques belles villas, offre quatre ruines qui méritent une attention toute particulière. Deux d'entre elles sont de la période punique ; l'une se compose de grands caveaux funéraires, comme ceux de Byrsa, l'autre est un groupe de constructions dont la forme insolite étonne d'abord, ce sont des ateliers de potiers de la première Carthage. Retrouvés tels qu'ils étaient au moment du siège de l'an 146, c'est-à-dire en plein fonctionnement, bâtis en briques crues, ils étaient, la plupart, en assez mauvais état. Mais l'un d'eux, mieux conservé, a pu être restauré complètement. Le visiteur y voit, avec un vif intérêt, dans le dôme, une large cheminée remplie d'étagères où, serrés les uns contre les autres, les vases ont été placés pour subir la cuisson. Dans les couloirs, d'autres poteries attendent, par centaines, le moment d'être mises au four. Dans les magasins, de nombreux vaisseaux, cuits ou non, sont rangés à côté des instruments de potier, de moules, de pots à peintures avec leurs pinceaux... C'est, on le voit, toute une scène de la vie antique saisie sur le vif et fixée ; elle rappelle singulièrement celles que l'on peut voir, de nos jours, chez les potiers arabes.

A côté du Céramique, et à un niveau supérieur, a été édifiée, à l'époque chrétienne, une fort jolie basilique byzantine, peu étendue, mais d'une réelle élégance, avec ses colonnes jumelées, un baptistère possédant les marches par lesquelles descendaient les néophytes, de jolies et amusantes mosaïques, des absides, un porche en pierres de taille. C'est encore ici qu'a été faite une des plus belles découvertes auxquelles l'exploration de la grande ruine ait donné lieu. Un jour, les ouvriers du Service des Antiquités avaient trouvé un quartier de la ville antique, avec ses rues dallées, ses maisons ornées de statues, de fresques et de mosaïques. Ils étaient occupés à en enlever le contenu, quand, sous une mosaïque représentant une scène de marine, ils aperçurent le haut d'un escalier. Ils descendirent celui-ci en le dégageant et se trouvèrent dans un caveau barré par un mur, dans lequel ils pratiquèrent une brèche. Quelle ne fut pas leur surprise quand, par cette ouverture, ils aperçurent une foule d'objets entassés : sculptures, statues et statuettes en marbre — parmi lesquelles cette délicieuse effigie de Démeter, si connue, que l'on admire au musée du Bardo —, des inscriptions, une liste de prêtres, une dédicace à Jupiter Hammon : **deus Barbarus silvanus,** le matériel du culte, etc... C'était, pense-t-on, une cachette dans laquelle des prêtres païens, redoutant les sévices chrétiens, avaient caché le contenu d'un sanctuaire... Tous ces objets — ou leurs reproductions — ont été remis en place dans le caveau restauré et ce n'est pas sans quelque émotion que le visiteur, y pénétrant, aperçoit par la brèche, à la lueur d'une lumière, les précieux objets qui lui ont été confiés.

Sur les pentes du plateau de Bordj-Djedid, et dominant une partie du parc, une vaste et blanche construction, encadrée de cyprès, attire les regards. C'est un des groupes de grandes citernes qui alimentent Carthage. On éprouve une impression de calme et de fraîcheur en pénétrant sous les grandes voûtes sonores et pleines, bord à bord, de liquide clair et limpide. Elles comprenaient 18 bassins et leur capacité totale était de 25 à 30.000 mètres cubes.

Le curieux édicule connu sous le nom de « **Bains de Didon** » et d'autres ruines situées autour des citernes, doivent solliciter des visiteurs moins pressés que nous. Le peu de temps dont nous disposons nous oblige à aller en hâte vers les énormes masses des Thermes d'Antonin dont, depuis longtemps, la vue nous obsède et nous attire. C'est avec raison que ceux qui déblayent le monument ont conservé ces blocs gigantesques, aux formes étranges, qui donnent une exacte idée de son importance et de sa hauteur. Assis parmi les grosses colonnes en granit rouge, les chapiteaux corinthiens, les tronçons des statues qui jonchent le sol recouvert de mosaïques — car l'exploration de la ruine n'est pas achevée — le promeneur, par les ouvertures des voûtes, aperçoit la mer qui déferle sur les noirs rochers, restes de l'enceinte maritime. Il y peut songer à ceux qui, voilà seize siècles, se reposaient là, comme il le fait maintenant — mais dans quel luxueux monument — après s'être baignés.

■

S'il est à Carthage un coin solitaire et poétique, c'est bien la plage sur laquelle s'ouvre la **Fontaine aux Mille Amphores.** Un écrivain de talent, M. Charles Geniaux qui est un sincère ami de Carthage, aimait à venir y rêver, en contemplant l'eau silencieuse qui dort entre ses quais. Au fond de la voûte longue de 20 mètres, qui s'étend en arrière du grand réservoir en pierres de taille, une galerie au plafond en grandes dalles horizontales, conduit dans une chambre, creusée dans le roc, à l'intérieur de laquelle tombe l'eau de la source...

A n'en pas douter, d'après l'architecture du monument, celui-ci remonte à l'époque punique. La découverte en est d'un grand intérêt pour l'histoire de la grande ville. La source que j'ai découverte en l'explorant étant la seule qui soit connue à Carthage, on est autorisé à penser que Didon s'y abreuva. En outre, les Phéniciens ayant l'habitude d'installer leurs colonies auprès des points d'eau, il n'est pas impossible que ce soit la présence de celui-ci qui ait poussé les Tyriens à fonder une colonie à proximité. Un mur cantonné de piliers court le long du rivage, réunissant la fontaine à un puissant massif de blocage, épais de 40 mètres, qui forme une véritable falaise s'élevant à pic au-dessus des eaux. La mer, qui ronge celle-ci depuis des siècles, l'a fait reculer d'une cinquantaine de mètres et, par les temps calmes, on voit nettement, au dessous de la surface de la mer, des murs s'entrecroisant et des pièces qui se trouvaient dans la masse de la maçonnerie, disposition caractérisant, comme on l'a vu, la triple enceinte terrestre. Il s'agit ici, du reste, d'une autre partie de l'enceinte située au point où celle-ci quittait le rivage pour couronner les hauteurs de Carthage.

Une falaise, que trouent des puits funéraires puniques, domine la Fontaine aux Mille Amphores. Elle a été arrangée par le Comité des Dames Amies de Carthage, comme le petit plateau qui s'étend au-dessus d'elle, en un jardin qui en a respecté et souligné le caractère sauvage. Un sentier sinueux s'y glisse, parmi les rochers, en la gravissant. Le petit plateau offre une ligne de puits funéraires puniques, profonds de 20, 30 et même 40 mètres. C'est la grande nécropole des **Rabs** ou prêtres de la religion punique. Le P. Delattre en a retiré les admirables sarcophages ornés de statues les représentant dans leur costume d'officiants, et dont la plus célèbre est celle de la prêtresse Arisath. Un des caveaux a été remis dans son état primitif, et ce n'est pas sans un petit frisson que l'on descend par le puits pour y voir dans le sarcophage entr'ouvert, les restes entourés des objets de parure et des offrandes.

A quelques pas d'ici s'ouvre un très curieux édicule souterrain, désigné sous le nom de Sainte-Perpétue, parce que le P. Delattre suppose, avec quelque raison, que c'est là que la martyre fut enfermée durant les jours qui ont précédé sa mort. Il est formé de deux voûtes superposées, reliées par un étroit escalier et le tout est dans un remarquable état de conservation. Cette superposition de deux pièces souterraines est un type d'architecture original et dont il existe quelques autres exemples dans ce quartier de Carthage.

Ces ruines sont, avec quelques autres, comprises dans le jardin de la Fontaine aux Mille Amphores où les habitants du plateau voisin aiment à venir s'asseoir pour contempler le noble paysage que forment la mer battant les rochers du rivage, les eaux bleues du golfe et les terres d'ocre rouge du cap Carthage, portant les blanches maisons du village de Sidi bou Saïd.

■

A la limite Nord de l'emplacement occupé par la Carthage romaine, s'étend le « quartier des basiliques » que je me plais à appeler ainsi, à cause des trois sanctuaires chrétiens qui s'y trouvent, à côté de monuments païens.

Parmi ceux-ci, voici d'abord les bassins de Dar-es-Saniat dans le vallon d'Amilcar; vastes réservoirs aussi remarquables par leur état de conservation que par leur forme toute particulière. Trois vastes bassins de décantation, très profonds, y recevaient une eau chargée de sédiments qui, après s'y être purifiée, passait dans de grands réservoirs voûtés où elle séjournait avant de se rendre dans un compartiment de distribution situé plus bas.

Dans le vallon qui descend au-dessous, les parois des ravins ciselés par les eaux en pittoresques draperies déchiquetées, les terres ocreuses qui les surplombent, la présence des ruines ornées de mosaïques, donnent une certaine vraisemblance à l'opinion qui place ici les jardins d'Amilcar. L'administration a, du reste, tiré un excellent parti de ce vallon, en créant en son fond un petit parc boisé qui entoure les ruines et en fait un des coins les plus pittoresques de la région de Tunis.

Les citernes de la Malga étaient les plus grands des réservoirs de la ville. Les derniers descendants des anciens Carthaginois y ont bâti un village sur les grandes voûtes qui recouvrent les bassins d'où, sans doute, son nom qui, en arabe, signifie « la suspendue ». Ils recevaient l'eau de la montagne de Zagouan, par un aqueduc de 132 kilomètres de longueur qui y déversait 32 millions de litres par jour. Cette conduite est une des merveilles de l'Afrique ancienne et la vue de ses arches dorées, qui traversent la plaine de l'Oued Miliane sur de hauts piliers est un inoubliable spectacle.

Les fouilles qui viennent d'être entreprises dans le cirque romain ont permis de dégager sur une grande longueur le large mur de la **Spina**, autour duquel couraient les chars. On commence à trouver à son pied des fragments de sculptures autorisant à espérer qu'on y découvrira quelques-uns des objets qui ornaient cette partie de l'édifice : pyramides, statues, colonnettes, autels, petits édicules en forme de temple, etc...

On a, en outre, commencé à dégager une partie des gradins qui vont être restaurés, en vue de donner de grandes manifestations sportives.

■

■

Un monument païen par le rôle qu'il a joué dans l'Afrique chrétienne peut être considéré comme formant une introduction naturelle au quartier des basiliques. C'est l'amphithéâtre de Carthage dont le sol fut arrosé par le sang des Saintes Perpétue et Félicité. Quoique bien dévasté, il conserve encore les ouvertures des voûtes qui donnaient accès aux arènes et des fouilles pratiquées à sa périphérie, permettent d'espérer qu'on y trouvera une partie des arcades qui en formaient le pourtour extérieur. Dans le sous-sol des arènes, les carrières où l'on enfermait les bêtes fauves ont été aménagées en une chapelle à laquelle conduit une avenue formée de belles sculptures, d'inscriptions, de fragments décoratifs qui, remis en place, après avoir été longtemps au Musée, donnent une idée de la richesse d'ornementation de l'édifice. Chaque année, une grande cérémonie religieuse célèbre la mort des martyres et c'est un spectacle émouvant que celui de la foule qui, débouchant par les couloirs récemment dégagés, se presse dans l'enceinte de l'arène.

Les trois grands sanctuaires qui se trouvent entre l'amphithéâtre et la mer étaient, quand le P. Delattre les a découverts, dans un état de destruction tellement avancé que, pour en souligner la disposition générale, il a eu l'idée d'en dégager les fondations.

Celles des colonnes forment ainsi des alignements de cubes de maçonnerie bien visibles. Ce parti peut être critiqué, mais on ne voit pas comment on aurait pu faire pour éviter autrement que ces édifices ne disparaissent complètement sous les herbes et la broussaille. Sur les fondations des colonnes, le P. Delattre a placé des tronçons de fûts qu'il a trouvés sur place et, quand il l'a pu, les a surmontés de chapiteaux. Cet arrangement peut choquer au premier abord parce qu'il n'a rien de l'harmonie présentée par un portique dont un des principaux caractères est que les chapiteaux soient dans le même plan horizontal. On l'a même qualifié de **monstrueux.** Encore une fois, fallait-il laisser tout cela à terre ? Si, je l'avoue, la vue m'en a surpris moi-même au début, à la réflexion, j'ai senti toute la beauté, sinon architecturale, du moins pittoresque de cette ruine à laquelle sont fixés de grands souvenirs. Du reste, les peintres qui aiment le paysage où se trouve la basilique de Saint-Cyprien, et en reproduisent souvent les colonnes aux jolis tons de chair, ne nous attestent-ils pas tout le charme de poésie et d'art qui s'exhale de ce sanctuaire ?

■

Ces derniers temps, on a replacé dans les basiliques clôturées, les mosaïques, les sculptures, les bas-reliefs qui, après y avoir été découverts, avaient été, par prudence, transportés au Musée. Pour les objets précieux ou fragiles, on s'est borné à en mettre la reproduction. Les milliers d'épitaphes des premiers fidèles, portant parfois des emblèmes religieux, ont été disposés le long des murs, ou recouvrent le socle d'un calvaire élevé aux abords du temple. C'est avec une émotion recueillie que les fidèles viennent y lire les noms de leurs prédécesseurs dans l'église d'Afrique.

La basilique de Saint-Cyprien où priait Sainte-Monique quand son fils, Saint-Augustin, trompant sa confiance, s'embarqua auprès de là pour aller à Rome, s'étend aux bords d'un plateau qui domine les eaux bleues du golfe. La couleur de ses colonnes se profilant sur la mer, les beaux chapiteaux qu'elles portent, suscitent l'admiration des artistes. Un autel en pierre a été placé entre les quatre colonnes de son **ciborium** et c'est là que, parfois, sous la seule voûte des cieux, un père blanc vient, dit-on, y célébrer l'office divin...

Sous les vieux oliviers de la colline de Mcifda sont les ruines de l'église où furent déposés les restes des Saintes Perpétue et Félicité, comme on l'a appris par une inscription trouvée dans la salle à voûtes d'arêtes où étaient leurs tombes.

Auprès des débris de celles-ci, on a placé une table de marbre blanc, sur laquelle le texte sacré a été reproduit.

La vue de la grande basilique de Damous Karita étonne, de loin, par la forêt des fûts tronqués qui en indiquent l'emplacement. Quand on se trouve à leur pied, on a la grande satisfaction de pouvoir en reconnaître maint détail : atrium demi-circulaire, absides de proportions diverses correspondant aux agrandissements ou aux amoindrissements subis par le sanctuaire, emplacement du **ciborium** ou autel où se trouvaient les reliques, baptistère, sacristies avec armoires, etc...

Peut-être faut-il rattacher à cette basilique une coupole souterraine, située à son extrémité orientale et remarquablement conservée, vers laquelle on descend par un escalier aux paliers ornés de mosaïques. Elle possède encore six des colonnes en granit et en portique circulaire qui l'ornaient et entouraient un cercle de pierres, situé en son centre, dont la destination est demeurée mystérieuse.

La vue de cet édicule, récemment découvert, est des plus réconfortantes pour les Amis de Carthage, car il montre quelles surprises ménage encore le sous-sol, pourtant si dévasté, de Carthage, à ceux qui sauront l'interroger avec une foi respectueuse.

L'ensemble des sanctuaires qui se trouvent dans ce quartier pourrait être le théâtre de manifestations religieuses imposantes, dont il est facile de se faire une idée. Le vénérable archevêque de Carthage, entouré de son clergé, célèbre le saint sacrifice à l'endroit où les martyres furent livrées aux bêtes, entouré de la foule fervente qui se presse dans les arènes et sur les gradins inférieurs du monument. Puis, suivi du cortège imposant des Pères et des religieuses d'Afrique aux blancs vêtements, et des fidèles qui marchent, inclinés, aux accents des cantiques, par les champs fleuris, il s'arrête un instant à la vaste basilique qui fut peut-être la métropole de ses prédécesseurs. Après une halte de recueillement, la masse des pélerins se dirige vers l'endroit où reposèrent les corps des martyres. L'évocation des scènes qui se sont déroulées autour d'elles, faite par la voix émue du prélat, fait planer, sous les oliviers séculaires, un silence profond, auquel succèdent les chants de victoire. Le cortège aux bannières flottantes, se rend ensuite vers les colonnes au pied desquelles pleura la mère d'Augustin. Et là, sous la tunique écarlate, un bras que la ferveur rend plus vigoureux, élève l'ostensoir aux rayons d'or vers ce soleil dont il est l'image, au-dessus, des collines rouges et des flots bleus, puis l'abaisse sur les fronts inclinés...

Ceux qui m'ont suivi dans cette visite de Carthage en emporteront la conviction que la grandeur, la beauté ou le simple intérêt qui s'attachent à ses ruines, si menacées d'une prompte disparition, réclament d'extrême urgence l'adoption des mesures nécessaires à leur conservation.

En vous les présentant, pour mieux vous faire saisir comment il serait possible de leur donner un aspect plus digne, et du passé qu'elles évoquent, et de la grande nation qui en a la charge, j'ai tenu à ne leur prêter que des arrangements simples et d'une exécution facile ou relativement peu coûteuse, auxquelles on ne peut opposer l'insuffisance d'un budget, comme on l'a fait trop souvent. Vous l'avez entendu, ce ne sont pas des temples entiers ou debout que promettent ou demandent les Amis de Carthage. Leur programme est trop modéré, trop prudent, trop réalisable pour que ceux qui ont entre leurs mains le sort des ruines, assument devant la civilisation, la responsabilité de ne l'avoir pas adopté comme **un minimum.**

Ainsi que je vous l'ai dit au commencement de cette Conférence, le Comité des Dames Amies de Carthage a eu, cette année, la satisfaction de voir ses efforts récompensés par la nomination, au Ministère de l'Instruction publique, d'une Commission de Carthage. Ce ne sera pas, comme le spirituel scepticisme de nos compatriotes aime à le dire en pareil cas, « un commencement d'enterrement » de la question qui nous est chère. Mais pour sortir d'errement funestes, pour atteindre le résultat que réclament avec nous tant d'esprits éminents, il faut que tous ceux qui, à un titre quelconque, peuvent aider la nouvelle commission, soient appelés à lui prêter leur concours.

Pour cela, le sort de Carthage ne peut dépendre des seuls archéologues officiels qui ne voient trop souvent dans les ruines, que le seul intérêt scientifique plus ou moins grand qu'elles peuvent présenter, sans tenir compte de leur pittoresque ou de la grandeur des souvenirs qui s'y rattachent ou de la possibilité de les aménager comme le théâtre, pour de grandes manifestations artistiques. Carthage n'appartient-elle pas également, sinon à un degré supérieur, à ceux à qui elle a inspiré tant d'œuvres admirables : historiens, poètes, littérateurs, peintres, sculpteurs, musiciens et aux touristes qui viennent, innombrables, en fouler le sol, et demandent que les ruines soient mises en harmonie avec le paysage incomparable qui les encadre et aux habitants de Carthage dont le centre doit être embelli par tous les moyens et aux membres de la colonie qui veulent que, quand c'est possible, ses ressources, même d'ordre intellectuel, servent à son développement matériel ?

A Carthage, toutes les questions de science, de littérature, d'art, de tourisme, d'urbanisme, et d'économie coloniale sont inséparables. Elles doivent être étudiées et solutionnées **de front.** C'est ce qui n'a pas été fait jusqu'ici, et que nous réclamons avant tout. Il faut, pour cela, que le sort en soit remis entre les mains de tous ceux, sans exceptions, qui peuvent donner un avis autorisé. Rien n'est plus facile, grâce aux pouvoirs discrétionnaires dont dispose le Résident Général. M. Lucien Saint, libéré des graves préoccupations qui l'ont assailli à son arrivée à Tunis, pourra désormais appliquer sa ferme et clairvoyante autorité à des questions qui lui apparaissaient non certes de moindre importance, mais d'une urgence moins pressante. Celle de Carthage l'intéresse à un haut degré. Il l'a affirmé à la Présidente du C. D. A. C. quand celle-ci, étant venue pour le saluer avec les membres de son bureau, il l'assura qu'il la seconderait dans l'œuvre qu'elle poursuivait, en **y mettant son goût personnel.** Il vient de le montrer, par de nombreuses démarches faites auprès de l'Académie des Inscriptions pour qu'elle envoie une commission sur place, auprès de la Commission historique des monuments afin qu'elle prête ses architectes au Service des Antiquités tunisiennes qui n'en a pas et n'ayant pu obtenir gain de cause de ce côté, par la nomination de la commission des fouilles qui étudiera la question... de loin.

■

M. Lucien Saint aura certainement à cœur de poursuivre l'œuvre qu'il a si heureusement commencée en complétant la

Une maison moderne
sur les fondements d'une Ville romaine

nomination d'une Commission des Fouilles de Carthage, qui est métropolitaine et scientifique, par une Commission de Carthage, siégeant dans la Colonie, qui envisagera tout ce qui touche un site célèbre entre tous, non seulement par son côté scientifique, qui est un peu étroit, mais encore par tous ceux pouvant paraître utiles au développement de la colonie.

Tous les amis de Carthage verront dans l'adoption d'une telle mesure l'aube d'une ère bienfaisante qui, se levant sur les collines de la grande et infortunée ruine, en assurera le salut, pour la glorification de la science française.

Il y a, ici, en germe, une œuvre capable d'illustrer la carrière du savant officiel qui saurait en apprécier toute la grandeur, et de glorifier de son rayonnement intellectuel les créations bienfaisantes qui marqueraient le passage, dans la colonie, d'un Résident Général à l'âme généreuse et fécondante.

Dr CARTON

CORRESPONDANT DE L'INSTITUT

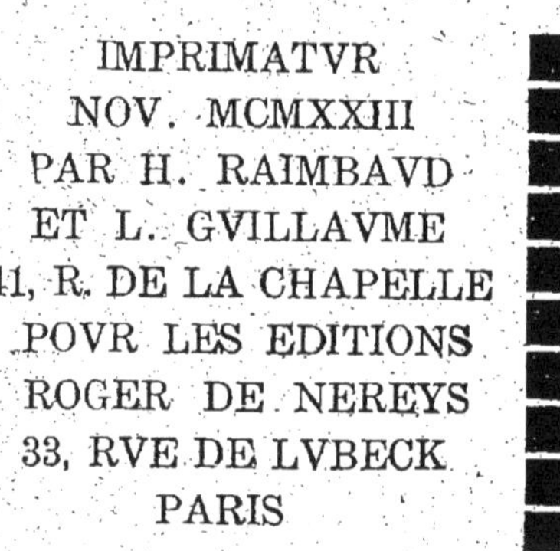
IMPRIMATVR
NOV. MCMXXIII
PAR H. RAIMBAVD
ET L. GVILLAVME
41, R. DE LA CHAPELLE
POVR LES EDITIONS
ROGER DE NEREYS
33, RVE DE LVBECK
PARIS

www.ingramcontent.com/pod-product-compliance
Ingram Content Group UK Ltd.
Pitfield, Milton Keynes, MK11 3LW, UK
UKHW020417220726
13923UKWH00005B/2006